001

004

002

003

005

006

007

008

009

010

011

014

012

015

013

016

019

017

020

018

021

024

022

023

025

026

027

028

029

030

031

032

033

034

035

036

037

038

039

040

041

044

042

043

045

046

049

047

050

048

051

054

052

053

055

056

057

058

059

060

061

064

062

065

063

066

069

067

070

068

071

072

073

074

075

076

079

077

078

080

081

082

083

084

085

086

089

087

090

088

091

092

093

094

095

096

099

097

100

098

101

102

103

104

105

106

107

108

109

110

111

114

112

113

115

116

117

118

119

120

121

122

123

124

125

126

129

127

128

130

131

132

133

134

135

136

139

137

140

138

141

142

143

144

145

146

149

147

148

150

151

152

153

154

155

156

159

157

160

158

161

162

164

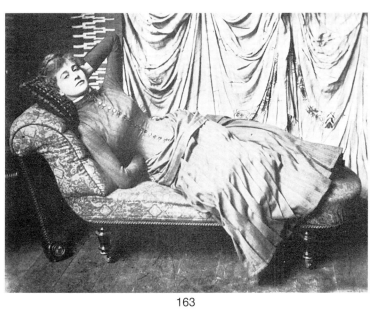

163

165

166

167

168

169

170

171

172

173

174

175

176

179

177

180

178

181

184

182

185

183

186

189

187

190

188

191

192

194

193

195

196

197

198

199

200

201

204

202

203

205

206

209

207

210

208

211

214

212

215

213

216

219

217

220

218

221

222

223

224

225

226

229

227

230

228

231

234

232

235

233

236

237

238

239